夸孩子
越夸越优秀

秦 晓 ❤ 著

北方妇女儿童出版社
·长春·

图书在版编目（CIP）数据

夸孩子越夸越优秀 / 秦晓著. -- 长春：北方妇女

儿童出版社, 2024. 10. -- ISBN 978-7-5585-8875-4

Ⅰ. G78

中国国家版本馆CIP数据核字第2024Q0D947号

夸孩子越夸越优秀

KUA HAIZI YUE KUA YUE YOUXIU

出　版　人	师晓晖
责任编辑	于德北
装帧设计	韩海静
开　　　本	710mm×1000mm　1/16
印　　张	6
字　　数	72千字
版　　次	2024年10月第1版
印　　次	2024年10月第1次印刷
印　　刷	三河市南阳印刷有限公司
出　　版	北方妇女儿童出版社
发　　行	北方妇女儿童出版社
地　　址	长春市福祉大路5788号
电　　话	总编办：0431-81629600

定　　价	49.00元

前言

亲爱的家长们：

　　在教育的旅途中，我们常常寻找着那把开启孩子潜能之门的钥匙。每个孩子都是一颗独特的种子，蕴含着无尽的生命力和创造力。在成长过程中，夸奖这一看似简单的行为，往往能成为滋养孩子心灵的甘露，让孩子变得更自信、更优秀。

　　夸奖能够激发孩子的自信心，让他们在面对挑战时更勇敢，当孩子在比赛中失败时，记得夸一夸他们的勇气；夸奖能够点燃孩子的内驱力，让他们在探索未知的道路上勇往直前，当孩子认真学习一门新乐器时，记得夸一夸他们的坚持；夸奖还能培养孩子的自律性，让他们在日常生活中养成良好的习惯，当孩子起床后整理好床铺时，记得夸一夸他们的自律。

　　孩子需要夸，但不能乱夸。一句脱口而出的"你真棒"，孩子听多了可能也会厌烦。其实夸孩子两招儿就足够：一是夸过程，二是夸细节。比如，孩子用了半天才做出一个不太完美的手工作品，你可以夸一夸他们的努力："你做得真用心，一定看了很多教程吧！"当孩子画出一幅画，你可以夸一夸画面的细节："这片叶子画得绿绿的，真漂亮！"当孩子第一次尝试自己系鞋带时，可能动作笨拙，但如果我们能够及时夸奖他们："哇，你能自己系鞋带了，虽然还不太熟练，但你真的很有耐心，一直在尝试！"这种夸奖不仅鼓励了孩子继续努力，同时也教会了他们如何面对失败。

　　有效的夸奖不仅仅是对孩子行为的直接反馈，更是对他们内心世界的关注。它能够激发孩子的内在动力，让他们明白，自己的每一分努力都是有价值的。永远不要糊弄孩子，真诚地去夸奖，孩子肯定会感受到你的用心。

　　本书涵盖各种日常教育难题和对应的夸奖话术，轻松解决"什么时候夸、夸什么、怎么夸"的难题，帮助我们掌握有效夸奖孩子的方式。

　　用夸奖铺满孩子的成长之路，让他们在爱与鼓励中茁壮成长，成为最好的自己。

Contents 目录

第一章

夸生活习惯，夸出自理小能手

　　孩子拖拉赖床，家长恨不得拿着大喇叭催；孩子丢三落四，家长磨破嘴皮子也无济于事……

　　你是否因操碎了心，孩子却依然改不掉坏习惯而苦恼？

　　阅读本章内容，你将体会巧用夸奖的神奇力量，在温馨和谐的家庭氛围里，轻松引导孩子养成良好的生活习惯。

孩子早上不赖床，怎么夸

每天早上，家里的床就像有股魔力，把天天牢牢定在床上。不管妈妈怎么催，天天都赖在被窝里不肯起床。他总是拖时间，直到上学快迟到了，才慌慌张张地起来收拾。

有时候被催急了，天天还会有"起床气"，甚至干脆哭闹着不去上学。

因为天天赖床，家里总是一大早就吵吵闹闹，一整天的心情都被破坏了。

专家解读

孩子赖床不一定是因为懒散，还可能与睡眠不足、睡眠质量低以及情绪问题有关。孩子没休息好或者抗拒上学时，都可能出现赖床行为。另外，孩子从起床到完全清醒需要一定的缓冲时间。通过推搡或者喊叫的方式粗暴地催孩子起床，虽然当时能起作用，但并非长久之计，而且可能对孩子的身心健康不利。

正确的做法是监督孩子按时早睡，保证孩子有充足的睡眠时间，并在孩子自觉起床后，给予孩子夸奖和鼓励，循序渐进地引导孩子，帮助孩子养成健康规律的生活习惯。

学会夸，孩子更优秀

你今天竟然没有赖床，真是让我大吃一惊。

📝**点评**

这句话看似是夸奖，实则暗含对孩子能力的怀疑，会让孩子觉得自己能不赖床只是偶然。

今天起得挺早的，看来你以前就是太懒散。

📝**点评**

在夸奖的同时提出负面评价，会打击孩子继续早起的积极性。

你今天没有赖床，我给你买个新玩具以示奖励吧。

📝**点评**

将早起行为与物质奖励直接挂钩，可能会导致孩子为了获得奖励而行动，而不能让他们真正理解早起的重要性。

 专家示范 ▶▶▶

今天闹钟一响你就起床了，真是个自觉的好孩子！

我知道你最近一直在努力调整作息，今天做到了按时起床，进步很大！

看到你精神饱满地开始新的一天，我真为你感到高兴。

你今天没有赖床，做得特别棒，这样早上的时间就更加充裕了，我们可以一起悠闲地享受早餐啦。

你昨晚按时睡觉，今天又按时起床，真是个会管理时间的孩子！我一直都相信你能做到。

哇，你是怎么做到一点儿也不赖床的呀？真厉害，可以把秘诀传授给爸爸妈妈吗？

孩子吃饭不挑食，怎么夸

星星很挑食，每次吃饭时，吃进肚子里的还没有从碗里挑出来的多。

关于不吃的东西，他有个长长的清单：青菜不吃，鸡蛋不吃，鱼不吃……

星星妈妈劝也劝了，说也说了，还为了星星学着做各种菜，可是星星还是改不了吃饭挑食的毛病。

专家解读

很多家长觉得，孩子挑食就是吃不得苦，饿几顿就解决了。实际上，事情并没有这么简单，影响孩子饮食习惯的因素很复杂。现代社会中物质条件优越，孩子有更多的食物可以选择，尤其是零食。除此之外，小孩子的味觉系统尚未发育完全，他们对食物味道的敏感度比成年人高，从而有可能产生成年人所不理解的食物偏好。

不恰当的教育手段会对孩子的身心发展造成负面影响，加剧孩子对食物的消极态度。正确的做法是通过夸奖和鼓励来引导孩子建立科学的饮食观念，从而让孩子改掉挑食的坏习惯，使日常饮食更加健康、更加营养全面。

学会夸，孩子更优秀

✕ 错误示例 ✕

你今天竟然没有挑食，简直是出乎意料，我都不敢相信。

📝点评

这种夸奖暗含对孩子的负面预期，带有明显的讽刺意味，很容易挫伤孩子的自信心。

你今天表现得挺好的，以后也要做个听话的孩子。

📝点评

太过笼统的夸奖，不仅会显得很敷衍，而且可能会导致孩子不清楚被夸奖的具体原因，失去正向鼓励的意义。

你今天吃了西蓝花，以后肯定再也不怕吃蔬菜了。

📝点评

给孩子传达过高的期待，可能会对孩子造成心理压力，让孩子产生一旦让步，就要接受严厉考验的焦虑感，从而加剧孩子的畏难情绪。

 专家示范 ▶▶▶

你今天吃饭吃得真香，爸爸妈妈看着都变得更有食欲了，我们要谢谢你!

你尝试了以前从来没吃过的西蓝花，这种勇敢挑战新事物的态度值得表扬!

你今天吃得很均衡，像这样多吃健康的食物，你一定会变得更强壮、更有活力!

你今天没有剩饭，我知道你一直在努力克服挑食，你做得越来越好了!

你今天吃饭前没有乱吃零食，吃饭时也没有挑食，真是个自律的好孩子，给你点赞!

5

孩子勤洗手洗澡讲卫生，怎么夸

石头是个活泼好动的孩子，每天放学回家时衣服上、手上都是脏东西。他到家以后总是不洗手就用脏兮兮的手拿零食吃。

睡觉前，石头看动画片看得忘记了时间，等到困得睁不开眼时，他就想直接往床上躺，必须等妈妈催促，他才不情不愿地去洗澡。

为此，石头妈妈很是苦恼，她总不能时时刻刻在石头身边提醒他呀。

先把手洗干净！

专家解读

孩子不讲卫生的坏习惯可能源于多种因素，如家庭教育的缺失、卫生知识的缺乏、错误的教育方法的影响等。如果家长溺爱孩子，不让孩子自己负责个人卫生事务，会导致孩子缺乏自理能力；如果家长严苛地批评孩子，会使孩子产生逆反心理，更加抵触良好卫生习惯的养成。

正确的做法是引导孩子自理个人卫生事务，并对孩子的行为及时地给予正面反馈，让孩子感受到讲究卫生带来的成就感，激发孩子的内驱力，帮助他们养成良好的卫生习惯。

学会夸，孩子更优秀

✕ 错误示例 ✕

你看你这不是能洗干净吗？继续保持，做个爱干净的孩子。

📝点评

反问语气会在无形中增加孩子的压力，明明是要夸奖，却可能会收到相反的效果。

你今天洗澡挺积极的，终于不像你弟弟那样不爱干净了。

📝点评

通过对比和贬低其他人来夸奖孩子的行为，可能会助长孩子的攀比心理，也会对被比较的人造成伤害，不利于维护家庭和谐。

你今天饭前便后都记得洗手了，看来我的提醒终于起作用了，你以后也要按我说的做。

📝点评

夸奖孩子的行为时，把功劳归结到他人的提醒上，不利于激发孩子自觉行动的内驱力。

 专家示范 ▸▸▸▸

我看到你吃饭前主动去洗手了，这样做特别好，可以有效预防生病哦。

因为你勤洗手，你的手总是干干净净的，这样做对健康有利，爸爸妈妈要向你学习。

你每天都按时洗澡，看到你这么爱干净，我感到非常骄傲！

你能自己主动去洗澡，真棒！这说明你很独立，能照顾好自己，爸爸妈妈都不用操心啦！

每次看到你洗完澡干干净净的样子，我都觉得你特别可爱，快过来跟妈妈拥抱一下！

你今天去洗澡时很积极，进步很大，爸爸妈妈为你感到骄傲！

孩子自己整理房间，怎么夸

走进玲玲的卧室，简直像走进一个小垃圾场。地上到处是玩具，书桌上堆满了文具，衣柜门敞开着，衣服像是长了腿似的，跑得床上、椅子上到处都是。

玲玲妈妈让玲玲收拾房间，她总是找借口推辞。玲玲妈妈看不下去，帮她收拾干净了，可没过几天，房间又变成了乱糟糟的样子。

玲玲妈妈很苦恼，玲玲怎么就学不会整理自己的房间呢？

把你的东西收拾一下，这里太乱了！

这些都是我要用的，收起来多麻烦。

专家解读

让孩子学会整理自己的房间，不仅能够锻炼孩子的生活技能，还能让孩子通过整理自己的物品，学会自我管理和自我控制，建立更加稳定的精神内核。此外，整洁的环境还有助于提高孩子学习和玩耍的专注力，避免分心。但如果家长一味地责骂或催促，很可能加重孩子的逆反心理。有时候，孩子还会因为缺乏必要的生活技能而感到无从下手。

正确的做法是家长给孩子树立榜样，适当给孩子指导和帮助，和孩子一起完成整理房间的工作，并积极夸奖孩子的劳动成果，让孩子从中获得成就感，从而享受整理的过程，这有助于孩子养成自觉整理的好习惯。

✗ 错误示例 ✗

今天房间整理得不错，不过这都是你应该做的，以后也要保持整洁才行。

📝 **点评**

应该以积极正面的态度对待孩子的劳动成果，否则会减弱孩子的成就感，打击孩子的积极性。

你能自觉整理自己的房间，比以前有进步，就是物品摆放得还是不够整齐。

📝 **点评**

夸奖时对孩子的劳动成果挑刺，会让鼓励的话语变得刺耳，听起来像是责骂，反而失去了鼓励的作用。

你今天把房间整理得很好，以后家里的卫生都交给你吧。

📝 **点评**

即便是为了表达夸张或开玩笑，也尽量不要用增加任务作为夸奖的内容，这样很容易让孩子产生退缩心理。

 专家示范 ▶▶▶▶

你把玩具都放回箱子里了，房间看起来非常整洁，做得很棒，给你点赞！

你今天花了很多时间整理房间，房间也收拾得很整洁，实在是太厉害了。

你的房间现在看起来真不错，你整理完以后这里变得不一样了。

我觉得你给物品分类的方式特别好，可以教爸爸妈妈一下吗？

你一个人就能把房间整理得这么好，你真是一个有责任心、爱干净、动手能力强的孩子！

你把房间整理得这么干净整洁，看起来真是赏心悦目，能邀请爸爸妈妈进去参观一下吗？

孩子主动帮忙洗碗，怎么夸

浩浩是个备受宠爱的孩子，尤其是跟爷爷奶奶在一起时，他每天衣来伸手饭来张口，什么也不用管。

一家人一起吃饭时，浩浩吃饱了就把餐具随手往桌子上一丢。他不小心把用过的餐巾纸弄到地上也不捡起来，只当作没看见。

晚饭后，浩浩妈妈在洗碗，浩浩爸爸在拖地，只有浩浩坐在沙发上自顾自地玩耍。爸爸妈妈很担心，再这样下去，浩浩会被惯坏。

专家解读

很多家长为了让孩子专心学习，不让孩子承担学习以外的任何任务。实际上，让孩子适量地分担家务是帮助孩子全面发展的有效方法。通过分担家务，孩子不仅能学会必要的生活技能，还能增强家庭责任感和成就感。此外，家务劳动有助于孩子建立良好的生活习惯，促进身心健康发展，为将来独立生活打下坚实基础。

正确的做法是适当给孩子分配家务，从洗碗、扫地、擦桌子等简单的任务开始，并积极夸奖孩子的劳动成果，让孩子从劳动中获得成就感，逐渐建立维护家庭的责任心。

学会夸，孩子更优秀

✖ 错误示例 ✖

你都会帮忙洗碗了，还挺能干的，下次帮我扫地吧。

📝**点评**

不要预设孩子以后的表现，应该将注意力放在已经完成的事情上，让孩子感到自己的劳动成果被重视。

我早就跟你说过洗碗很简单吧，你看，你这不是能搞得定吗?

📝**点评**

贬低孩子的劳动成果并不能让孩子觉得事情做起来容易，反而会剥夺孩子的成就感，打击他劳动的积极性。

哟，今天怎么这么积极，竟然主动帮忙洗碗，不会是又想要新玩具吧?

📝**点评**

用揶揄的语气随意揣测孩子主动帮忙的动机，不仅会刺伤孩子的内心，还会进一步加深孩子认为家务与自己无关的观念。

专家示范 ▶▶▶▶

你洗碗洗得特别仔细，每一个碗都洗得很干净，做得很棒!

今天你主动帮忙洗碗，说明你是一个积极承担家庭责任的好孩子，是爸爸妈妈的小榜样。

我很高兴你能主动承担洗碗的任务，有了你的帮助，爸爸妈妈感觉轻松了很多，我们都要谢谢你!

你把碗洗得很干净，比上次有进步，真是越来越厉害了。

你的努力让我们家的厨房变得更加干净整洁了，做得真不错!

我知道你一直是既独立又有责任心的好孩子，今天你主动帮忙洗碗，更是证明了这一点，给你点赞!

孩子不丢三落四，怎么夸

每天早晨，小麦起床后第一件事就是叫妈妈。要穿的T恤找不到了，袜子只找到一只，作业还有一本不在书包里……好不容易收拾好东西，上学走到半路上，小麦才想起来自己没带饭卡，水杯也不知道放在哪里了。

等到下午放学回家，小麦刚买的橡皮又不见了。

不管小麦妈妈提醒多少次，嘱咐小麦保管好自己的物品，小麦总是不放在心上。

跟你说了多少次，自己的物品要保管好，不要总是丢三落四。

妈妈，我的作业本怎么找不到了？

专家解读

孩子时常丢三落四，可能是因为注意力分散或缺乏组织、计划能力。除此之外，家长过度代劳孩子的生活事务，使孩子失去锻炼自我管理能力的机会，也很可能导致孩子对家长的依赖性比较强，缺乏生活自理的意识和能力，养成丢三落四的毛病。

因此，在日常生活中，家长应该有意识地引导孩子独立打理自己的事务，学习如何保管自己的物品，并在孩子有所进步时，通过适当的夸奖增强孩子的信心，促进孩子的正向行为，逐步帮助孩子养成良好的生活习惯。

学会夸，孩子更优秀

✕ 错误示例 ✕

你今天竟然没把橡皮弄丢，我倒要看看这次你能坚持多久。

📋 点评

夸奖时对孩子的未来表现做出负面预期，会让孩子感到自己的能力不被信任，自尊心受挫，觉得自己这次没丢东西只是偶然，迟早会弄丢。

你今天终于没有丢东西了，多亏了我一直提醒你。

📋 点评

夸奖时不应该把孩子的努力归结于家长的提醒，这样不但会让孩子怀疑自己的努力效果，还可能让孩子对家长的提醒产生依赖性。

你今天没有弄丢东西，做得不错，以后每天都要保持这样的好习惯才行。

📋 点评

在给出夸奖的同时施加压力，不仅会让孩子产生畏难情绪，也会打击孩子的行动积极性。

 专家示范 ▶▶▶

你今天出门前仔细检查了自己的书包，一样东西也没落下，做得真棒！

你今天该带的东西都带齐了，这说明你越来越细心了，继续加油哟！

你把自己的物品保管得很好，真是一个有责任心的孩子，我们都要向你学习。

你把自己的物品保管得井井有条，特别厉害，可以跟爸爸妈妈讲讲你是怎么做到的吗？

你最近都没有弄丢东西，我为你感到骄傲。

你今天不仅早上没有落下东西，而且放学回家也没有弄丢东西，进步非常大，给你点赞！

13

孩子把零花钱攒起来，怎么夸

欢欢妈妈每天都会给欢欢一点儿零花钱，欢欢总是拿到钱就全部花掉。欢欢想要一套新出的故事绘本，为了让欢欢学会存钱，欢欢妈妈拒绝了她，建议她把每天的零花钱存起来买绘本。

可是，一个月过去了，欢欢根本管不住自己。她宁愿放弃心爱的绘本，也要每天花光自己的零花钱。

到底怎样才能让孩子改掉这个坏习惯呢？欢欢妈妈感到十分伤脑筋。

妈妈，给我买一套绘本吧，求您了。

你每天存一点儿零花钱，坚持一个月就能买下这套绘本。

专家解读

如果孩子没有建立正确的金钱观念，不理解金钱的价值和劳动的辛苦，就很容易养成消费无节制的恶习。进入社会独立生活后，他将无法合理规划自己的资金，有可能做出超前消费的行为，甚至有可能走上违法犯罪的道路。

教孩子管理自己的零花钱是帮助孩子建立理财观念的有效方法。家长可以引导孩子有计划地使用零花钱，在孩子成功攒下零花钱后，及时给予恰当的夸奖，并教育孩子如何合理而有意义地使用自己的零花钱，增强孩子的行动积极性，让孩子深刻地意识到理财的好处。

学会夸，孩子更优秀

✕ 错误示例 ✕

你还知道把钱攒起来呀，是不是又想偷偷买乱七八糟的东西？

点评

对孩子的攒钱动机做出负面揣测，很可能让孩子因为被误解而感到委屈，甚至产生逆反心理。

哇！你攒这么多钱了呀，要不要请爸爸妈妈去吃大餐？

点评

也许家长只是开玩笑，但孩子很可能会信以为真，觉得自己好不容易攒下来的钱就要被花掉了，从而导致孩子失去继续攒钱的动力。

你攒钱还挺厉害的嘛，要是会赚钱就更厉害了。

点评

夸奖孩子攒钱的行为时，没有真诚地夸赞孩子现有的成就，反而提出了更高的要求，这样会降低孩子的成就感，失去鼓励的作用。

 专家示范 ▶▶▶▶

看到你这么努力地攒钱，我为你感到骄傲，你真的长大了！

你能攒下零花钱，说明你是一个既有计划又自律的孩子。

我注意到你这个月没有买零食，而是把钱存起来了，真的很自律，做得特别棒！

你这次攒下的钱比上次还要多，你的理财能力又进步啦！

攒钱对你来说很不容易，但你一直在努力，并且做到了，我们都应该向你学习。

你的攒钱计划制订得非常合理，可以跟爸爸妈妈分享一下你是怎么做到的吗？

孩子不沉迷玩手机，怎么夸

小宇最近沉迷于玩手机，他放学回家后第一件事就是玩手机，一玩起来，饭也不想吃，觉也不想睡，更别提学习和写作业了。

为了让小宇戒掉手机瘾，小宇爸爸没收了他的手机。没想到，小宇放学以后干脆不回家，去同学家里和同学一起玩手机。

其实，小宇爸爸并不是完全反对小宇使用手机，然而，想要让孩子学会有节制地玩手机，实在是太难了。

> 喊你多少次了，快去吃饭，别玩手机了。

> 我不饿，不想吃，我再玩一会儿。

专家解读

孩子沉迷于玩手机已经成为当今社会的普遍问题，很多家长自己也放不下手机，自制力薄弱的孩子就更容易玩手机成瘾。不加节制地玩手机，可能会导致孩子出现专注力下降、学习兴趣丧失、行动力缺乏、睡眠不足、社交关系淡漠等问题。但是，如果家长直接用粗暴的手段制止孩子，或是直接完全禁止孩子使用手机，很容易引发孩子的抵触情绪，可能导致孩子做出更加极端的行为。

正确的做法是家长要循序渐进地控制孩子使用手机的时间，鼓励孩子多参加其他有益的活动，并多用适当的夸奖帮助孩子养成科学使用电子产品的良好习惯。

学会夸，孩子更优秀

✕ 错误示例 ✕

你今天怎么没玩手机？肯定是作业写不完了吧。

📝**点评**

将孩子努力自控的结果归因于外界因素——作业，主观地扭曲孩子的行为动机，很容易打击孩子自控行为的积极性。

我都跟你说了，手机没什么好玩的，你看你今天一整天没玩，不也好好的?

📝**点评**

淡化孩子努力自控的结果，否认了孩子的努力，这样会降低孩子的成就感。

你还是能管得住自己的嘛，看来你以前就是不听话。

📝**点评**

用否认过去的方式来肯定现在的行为，孩子会觉得家长仍在批评自己，使夸奖失去正向鼓励的效果。

专家示范 >>>

你今天合理安排时间，没有沉迷于玩手机，这真的很不容易，你做得很好!

我相信你能够管理好自己玩手机的时间，你今天的表现证明了这一点，你做得太棒了!

你今天没有沉迷于玩手机，这是自我管理能力优秀的表现，请继续加油!

你今天一到时间就放下了手机，爸爸妈妈都为你强大的自控力感到骄傲!

你今天不仅没有沉迷于玩手机，还积极参与了很多有意义的活动，进步特别大!

看到你这么努力地控制自己玩手机的时间，爸爸妈妈很高兴，我们也要向你学习。

第二章
夸学习习惯，
夸出自信小学霸

　　孩子写作业拖拉，家长催得声嘶力竭；孩子学习不主动，家长急得团团转……

　　你是否总因为孩子的学习习惯太差而忧心忡忡，却找不到解决的方法？

　　阅读本章内容，你将掌握夸奖的秘诀，激发孩子的内在动力，让孩子主动学习，爱上学习！

孩子写作业不拖拉，怎么夸

每天放学，豆包妈妈总是要千催万催，豆包才去写作业。

书桌前，豆包磨磨蹭蹭拿出笔，一会儿要上厕所，一会儿要喝水，一会儿肚子饿了，没写两个字就要休息，玩一会儿玩具。

拖到晚上十点，豆包的作业写了一半都不到，看来今晚又要熬夜写作业了……豆包妈妈实在是拿他的"作业拖延症"没辙了！

专家解读

孩子写作业拖拉有多种原因。一方面，爱玩儿是孩子的天性，写作业相对枯燥，孩子难以保持专注是正常的；另一方面，孩子可能会因为觉得作业太多太难而拖延。此外，还会受家庭环境和学习氛围的影响。如果家长经常因为孩子做错题发火，还会增加孩子的畏难情绪，让孩子因为害怕犯错而拖延。

正确的做法是在孩子稍有进步的时候，通过适当的夸奖，引导孩子建立独立写作业的信心，让孩子体会到提早完成作业的成就感，养成放学回家主动写作业的好习惯。

学会夸，孩子更优秀

✖ 错误示例 ✖

今天做得挺快呀，看来你以前就是不认真。

📝点评

看似是在夸奖孩子进步，实际却在批评孩子以前的行为，容易打击孩子的积极性。

今天的效率很高，真不错，明天必须比今天更快才行。

📝点评

无形中给孩子定下更高的要求，增加孩子的压力。

你竟然能自己写完作业，太阳从西边出来啦?

📝点评

对孩子的良好行为过度惊讶，会让孩子觉得家长并不信任自己的能力，甚至让孩子对自己产生怀疑。

 专家示范 ▶▶▶

你今天一回家就立刻开始写作业，都不用人提醒，真是个自律的好孩子!

爸爸妈妈一直觉得你是特别有计划的孩子，放学回家总是自觉写作业，都不需要爸爸妈妈多操心，特别棒!

你今天比昨天更早开始写作业，进步真的很明显，继续保持!

你昨天写作业就特别认真，没想到今天更认真了，真是个了不起的孩子!

你今天写作业时眼睛一直盯着书本，没有东张西望，这种专注的态度真的很值得表扬。

你今天写作业特别自觉，不仅写得快，而且字写得很工整，给你竖个大拇指!

孩子写字比以前好看，怎么夸

琪琪最近写字很潦草，老师多次提醒她要认真书写，可琪琪没太当回事。这天，语文老师看到琪琪的作业本上写的字东倒西歪，感到十分生气。

琪琪知道自己的字写得没以前好，但如果想写得好看，就得写慢一些，需要花费更多的时间，那样的话，自己就没时间玩了。

琪琪，你看你的字还没一年级时写的好看，你就不能把字写工整吗？

老师，我已经尽力了。

专家解读

孩子写字没有以前好看、工整，可能有以下原因：一是态度问题，孩子可能变得马虎、不认真了；二是可能孩子的手部肌肉控制能力有待提高，随着学业任务的加重，孩子的书写量增加但缺乏针对性练习；三是受周围环境影响，如看到身边的同学写字潦草，也跟着有样学样。

首先，端正态度很重要，家长要和孩子沟通，强调书写工整的重要性。其次，需要对孩子进行一些有针对性的手部肌肉训练，如玩握力器等，以此来增加孩子手部肌肉的力量。最后，营造良好的书写环境，家长要以身作则，同时要鼓励孩子向书写好的同学学习。

✖ 错误示例 ✖

今天写的字很漂亮，看来以前你是没好好写。

📝点评

看似是在夸赞孩子写的字有进步，实则是责备孩子以往没认真写字。

今天写的字有进步，妈妈相信你明天会写得更好。

📝点评

以夸奖的方式给孩子定下更高的目标，无形中给孩子增加了心理压力。

虽然今天写的字很漂亮，但这并不代表以后你就能写好。

📝点评

看似是在肯定孩子的努力，实则是表达了对孩子的不信任，非常打击孩子的积极性。

专家示范 ▶▶▶▶

你今天的字写得真漂亮，比昨天进步太多啦！妈妈为你的努力和认真感到骄傲。

你今天写的每个字都那么工整，很值得表扬。

今天的字写得这么漂亮工整，这说明你越来越有耐心和专注力了，继续加油！

你今天的书写水平让爸爸眼前一亮，你真是一个对自己要求很高的孩子，这一点爸爸要向你学习。

你今天写的字比昨天更好看了，这就是用心的结果，坚持下去，你的字会越来越漂亮！

孩子自查作业不马虎，怎么夸

以前英子写完作业，都是英子爸爸帮忙检查。最近，英子爸爸要求英子写完作业以后自己检查，他希望英子能够养成独立检查作业的习惯。

可是每次英子自己检查完作业，拿到学校，老师都会发现一堆错误。

英子明白要认真检查自己的作业，但是怎么样才算是认真检查呢？她每次都会从头到尾再看一遍，但总是检查不出错误，英子也感到很无奈。

昨天晚上你是怎么自查的？错这么多。

我认真看了一遍，就是没看出错。

专家解读

作业查不出错误，可能有以下原因：一是缺乏责任心，没有真正认识到检查作业是对自己学习负责的重要环节；二是没有掌握正确的检查方法，检查作业无从下手，只是简单看一遍做过的题。

对于孩子检查作业马虎的情况，家长首先要和孩子进行深入沟通，让他明白认真检查作业的重要性，培养他的责任心；其次，应该教给孩子一些有效的检查方法，如逐题检查法、逆向检查法等，让孩子学会使用正确的检查方法，这样才能让孩子真正做到有效检查作业。

学会夸，孩子更优秀

✗ 错误示例 ✗

你现在终于知道检查作业了，怎么以前那么马虎呢？

📝点评

这种夸赞方式看似是在表扬孩子现在的改变，实际上却在指责他以前的行为，会让他感到不舒服，甚至可能对检查作业产生抵触情绪。

今天作业检查得很仔细，以后要是检查不出来错误那就是不认真了。

📝点评

虽然有夸赞孩子当下的行为，但同时也给他造成了压力，让他担心以后如果不细心有错误没有检查出来就会被批评。

别高兴得太早，你只是今天检查得认真，昨天不是还出错了吗？

📝点评

这种翻旧账的话语会让孩子觉得自己以前很差劲，哪怕努力做好了，也无法得到认可和肯定。

 专家示范 ▶▶▶▶

你今天认真检查作业的样子真的太帅了！这次肯定不会再有问题了。

你现在检查作业这么仔细，说明你对学习越来越负责了。继续保持，你一定会取得更大的进步。

你今天的自查作业做得非常好，态度非常认真，而且有严格的自我要求，我相信你会做得越来越好。

你认真检查作业的模样就像一个小侦探，不放过任何一个错误，太厉害了！

你今天的表现让妈妈很惊喜，你学会了认真自查作业，这是非常棒的学习习惯。

孩子独立思考难题，怎么夸

在学校，兰兰遇到不会做的题就会向同学求助，同学也会毫不吝啬地给兰兰讲解。

在家里写作业时，只要遇到自己不会做的题，兰兰就会问妈妈。但是妈妈希望兰兰先独立思考，仍然解答不出来时再问自己。

兰兰却认为不懂就问才是最高效的学习方法。妈妈觉得这样会让兰兰养成不爱动脑的习惯，会让她缺乏独立思考的能力，所以时常会因此责备兰兰。

专家解读

孩子不愿意思考，可能是存在畏难情绪，努力以后仍然解不出难题，会产生严重的挫败感。有些孩子平时习惯了依赖他人，比如一遇到难题就向家长、老师或同学求助。这是他们缺乏自信的表现，他们不相信自己有解决难题的能力。实际上，他们可能只是没有掌握正确的思考方法，面对一些陌生的难题不知从何下手。

面对孩子的这些表现，我们不能一味地批评他们不思考或过于依赖他人，要鼓励孩子勇敢面对难题，告诉他们犯错是学习的一部分，不要害怕失败。当孩子遇到难题时，可以通过适当引导的方式帮助他们找到解题思路，而不是直接给出答案，循序渐进地培养他们独立思考的能力。另外，需要多多表扬孩子的努力和进步，增强他们的自信心。

学会夸，孩子更优秀

动动脑子不就会做了吗？看来之前你是真没动脑子。

📝**点评**

此类话语容易激起孩子的逆反心理，打消孩子独立思考的积极性。

看来你也不笨，怎么之前看到难题就不会做？你就是太懒了，不肯动脑筋。

📝**点评**

在夸赞孩子的时候，尽量少用负面词语，可以多用褒义词。否则看似在肯定孩子，实则是在责备孩子。

你终于学会自己解决难题了，以前怎么那么笨呢。

📝**点评**

前半句看似在表扬孩子，后半句却在指责孩子以前的表现。这种话语会伤害孩子的自尊心，让孩子觉得家长对自己一直不满意。

 专家示范 ▶▶▶

你通过认真思考攻克了难题，你对问题的深入理解和坚持不懈的探索精神让爸爸特别佩服，继续加油！

你成功解决难题的那一刻，妈妈感到无比欣慰。你能仔细观察题目，大胆尝试不同的解题方法，这份勇气是你最宝贵的财富。

孩子，你独立解决了这个难题，在思考过程中展现出超强的逻辑思维和耐心，在未来的学习中你一定会更出色。

你能够自己把难题拿下，太让人感到惊喜了，这是巨大的进步。你对知识的渴望和积极思考的态度，会让你不断超越自己。

你真的很厉害！自己解决了这么难的问题。你在思考中不断尝试新的思路，这种创新精神值得表扬，继续保持吧。

孩子上课认真听讲，怎么夸

豆芽最近在上课时总是不认真听讲。课堂上，老师正在生动地讲解课文。他一会儿看看窗外飞过的小鸟，一会儿摆弄着自己的铅笔。老师发现了豆芽的状态，多次用眼神提醒他，但豆芽完全没有察觉。下课后，老师把豆芽叫到了办公室，问他为什么上课不认真听讲。

豆芽红着脸，低着头，支支吾吾地说不出话来。其实，豆芽也知道要认真听讲，可他总是控制不住自己想往外看。

上课好无聊哇，什么时候下课呀……

专家解读

孩子上课不认真听讲可能有多种原因：一是孩子对学习内容缺乏兴趣，觉得课堂内容枯燥；二是孩子可能缺乏良好的学习习惯和自我控制能力；三是孩子可能存在一些心理问题，如焦虑、压力过大等，从而影响到了孩子的专注力。

面对这种情况，首先，家长和老师要采用适当的方法激发孩子的学习兴趣，如生动的教学方法和有趣的学习活动；其次，可以通过一些小游戏训练孩子的专注力和自我控制能力；最后，要时刻关注孩子的心理状态，及时沟通，帮助孩子缓解压力。

学会夸，孩子更优秀

✕ 错误示例 ✕

你以后要是一直这么认真听讲，我就给你买很多玩具。

📝**点评**

用物质奖励来激励孩子，可能会让孩子过于依赖外在奖励，而不是真正养成认真听讲的好习惯。

你现在能认真听讲了，看来老师批评得对。

📝**点评**

把孩子的改变归因于老师的批评，会让孩子觉得自己是被迫改变，而不是出于自身的意愿，不利于培养孩子的自主学习能力。

你能认真听讲真是个奇迹。

📝**点评**

这样的夸赞过于夸张，反而会起到反作用。这句话会让孩子觉得家长很惊讶自己能做到认真听讲，从而怀疑自己以前是不是表现太差。

 专家示范 ▶▶▶▶▶

你能够认真记笔记，时刻跟紧老师的思路，这展现了你强大的自我管理能力和良好的学习习惯，继续加油。

看到你上课认真听讲，妈妈特别开心。而且你能够积极参与课堂讨论，勇敢表达自己的观点，这是很大的进步！

你现在上课的状态真好，全神贯注地听讲，不放过任何一个知识点，这种认真的态度会让你在学习上取得更大的进步。

你认真听讲的模样真可爱！不仅能够用心倾听老师的讲解，还会主动思考问题，这说明你在努力成长。爸爸为你点赞！

孩子，你能改掉不认真听讲的习惯真是太厉害了。你坐姿端正、眼神专注，这体现了你对学习的尊重和热爱，继续保持。

孩子主动向老师提问，怎么夸

兰兰性格比较腼腆，下课以后她看着书上没听懂的题，陷入了沉思。

这堂数学课，兰兰有很多知识没听懂，她几次想鼓起勇气去请教老师，最终还是不敢向老师办公室走去。

上节课有道题我没听懂，如果去问老师，老师会不会觉得我笨呢？

专家解读

孩子不敢主动向老师提问可能有以下原因：一是孩子性格内向，不敢在众人面前提问；二是孩子对知识的渴望不够强烈，没有意识到提问的重要性；三是孩子可能担心自己提出的问题太简单而被嘲笑。

面对不敢提问的孩子，家长要鼓励孩子勇敢表达，告诉孩子提问是学习的好方法，无论问题简单与否都不会被嘲笑。并且，要激发孩子对知识的好奇心，让孩子明白提问能帮助自己更好地理解知识。另外，还要教给孩子提问的方法，如先整理思路、明确问题点等。

学会夸，孩子更优秀

你终于向老师提问了，以前怎么不这样做呢？看来不逼你一把，你就不会听话。

点评

这种夸赞带有指责过去行为的意味，会让孩子感到不舒服，觉得自己以前做得不好。

以后也要一直向老师提问，不然就不值得表扬了。

点评

要求孩子持续提问，给孩子施加了很大的压力，可能让孩子在之后的学习中为了迎合要求而提问，而不是出于求知欲。

你终于向老师提问了，看来是开窍了。

点评

表述过于随意，"开窍"一词可能让孩子觉得自己以前很笨，现在才突然变好。

 专家示范 ▶▶▶▶

你主动向老师提问，这说明你对知识有着强烈的渴望，这种积极探索的精神非常值得表扬。

孩子，你勇敢地向老师提出问题，这种敢于求知的态度非常棒，会让你在学习的道路上不断进步。

你勤于思考、敢于提问，用行动诠释了学习的真谛，不断追求知识的你会越来越优秀。宝贝，妈妈为你感到骄傲！

你大胆地向老师提问，这是成长的一大步。你对未知的好奇和探索会带你走向更广阔的知识天地。

你向老师提问，说明你有独立思考的能力。这种能力会伴随你一生，让你不断突破自己。

孩子自己制订学习计划，怎么夸

国庆假期，爸爸妈妈带茜茜出去旅游了三天，剩下的时间，妈妈让茜茜自主安排学习，制订学习计划。

可是，到了开学的前一晚，妈妈询问茜茜是否完成了学习任务，茜茜才想起来自己还没写完作业。

妈妈希望茜茜能够自己制订学习计划，这样学习会更有目标、更高效，但是茜茜总是不听，妈妈也拿她没办法。

让你提前做好学习规划就是不听，明天要开学了，看你怎么办！

哎呀！别说了，我这不是在赶工吗？

专家解读

孩子无法自主制订学习计划可能有以下原因：一是孩子可能缺乏时间管理的意识，不清楚制订计划对学习的重要性；二是孩子可能不知道如何制订有效的学习计划，感到无从下手；三是孩子比较依赖他人的安排，缺乏学习的自主能动性；四是孩子可能觉得制订计划会限制自己的自由，由此产生抵触情绪。

家长可以告诉孩子制订学习计划的好处，如提高学习效率、合理安排时间等。同时，家长要教给孩子制订计划的方法，从简单的每日任务清单开始，再逐步完善。同时，家长及时给予孩子反馈和鼓励，当他们按照计划执行时给予表扬。家长也可以和孩子一起制定奖励机制，激励他们坚持制订和执行学习计划。

学会夸，孩子更优秀

你会自己制订学习计划，看来真的是长大了。

📝点评

笼统的夸赞没有效果，没有具体指出孩子的优点和努力，孩子可能不明白自己到底哪里做得好，没有继续努力的方向。

你能自己制订学习计划，很不错，要保持住，别又半途而废。

📝点评

虽然肯定了孩子的行为，但重点在于后面的提醒，这会让孩子感到不被信任，担心自己一旦做不好就会被批评。

你现在会制订学习计划了，比以前进步多了。

📝点评

在夸赞中强调与过去的对比，可能让孩子产生满足感而就此停滞不前，也可能让孩子对过去的自己产生负面评价。

 专家示范 ▶▶▶

你自己制订的学习计划非常合理，目标明确、步骤清晰，这说明你有很强的规划能力和自律性，妈妈为你感到骄傲。

你能独立制订学习计划真的很棒！这说明你对自己的学习进度有清晰的认识，懂得合理安排时间。

看到你为自己制订学习计划，妈妈特别开心。你认真思考每个任务的时间分配，这种严谨的态度会让你在学习中取得更大的成就。继续加油！

你制订的学习计划很科学！不仅考虑了学习任务，还安排了休息和娱乐时间，做到了劳逸结合，相信你的学习效率也会大大提升。

你自己制订学习计划，展现出了独立自主的精神。这是成长的重要标志，相信你会不断超越自己。

孩子学习成绩有进步，怎么夸

小明期中考试没有考好，所以这段时间他一直很努力，每天晚上学到十一点，本以为这次月考会考得很好，没想到成绩丝毫没进步。

回家的路上，妈妈拿着小明的试卷，看到"一成不变"的分数，感到十分无奈。

小明开始怀疑自己是不是太笨了，所以根本学不好。他已经很努力了，可成绩就是没进步，这让他十分苦恼。

专家解读

孩子一直在努力学习但成绩没有进步，可能是学习方法有问题，比如，孩子只是死记硬背，缺乏理解和应用能力；可能是学习效率低，看似花了很多时间但实际有效学习时间不多；可能是知识体系混乱，没有系统地整理和归纳知识点；也有可能是受心理因素的影响，如压力过大导致发挥失常等。

面对这种情况，家长要帮助孩子找到有效的、适合他们的学习方法，如总结归纳、做思维导图等；也可以引导孩子构建知识体系，建立起知识网络，让孩子真正地做到融会贯通，并且定期复习整理；还要关注孩子的心理状态，帮助其缓解压力，以积极的心态面对学习。

学会夸，孩子更优秀

你成绩进步了不少，看来是真的开窍了。

📋 **点评**

表述比较笼统和随意，"开窍"一词没有具体指出孩子的努力和优点，忽略了孩子的努力和行动。

进步了就好，但你可千万别骄傲，免得又退步了。

📋 **点评**

虽然有肯定，但后面的提醒会让孩子感到不被信任，担心一旦退步就会被批评，增加其心理负担。

成绩进步了，你比以前厉害多了。

📋 **点评**

强调与过去的对比，可能让孩子产生骄傲情绪，也可能让孩子觉得进步只是为了比过去好，而不是真正地追求知识。

 专家示范 ▶▶▶

宝贝，你的成绩进步了，这是你努力学习、认真听讲的结果。你的专注和坚持让妈妈很骄傲，继续加油！

你这次的成绩进步非常明显，说明你在学习中善于总结和思考，这会让你越来越优秀。

你的成绩进步是你勤奋努力的结果。你认真完成作业、自主复习的学习习惯非常棒，坚持下去，相信你会取得更大的成就。

宝贝，成绩的提升说明你对知识的理解更深入了。积极地提问、与同学讨论题目等都是很棒的学习习惯，继续保持哟。

你合理安排学习时间、制订学习计划的能力在不断提高，你是一个有规划的好孩子。

孩子热爱阅读，怎么夸

涛涛爸爸喜欢看书，他希望涛涛也能够爱上阅读。

周末，涛涛爸爸兴致勃勃地带着涛涛来图书馆看书，可是涛涛到了图书馆，翻翻这本书，看看那本书，一会儿东张西望，一会儿趴在桌子上犯困。涛涛爸爸看到他这样的表现十分生气。

涛涛明白，阅读能拓展自己的知识面，但是他一看书就犯困，这也让他感到非常苦恼。

专家解读

孩子不喜欢阅读可能有很多原因，如没有找到感兴趣的书籍；或者阅读方法不当，觉得读书既枯燥又吃力；或者不懂得如何提取关键信息；可能是受电子产品的影响，孩子更倾向于视觉化、互动性强的娱乐方式；等等。

家长希望孩子爱上阅读的心情可以理解，但不能够过于急切，可以先了解孩子的兴趣爱好，为其推荐相关的书籍，激发孩子阅读兴趣。再教给孩子一些阅读技巧，如略读、精读等，提高其阅读能力，让孩子感受到阅读的魅力。最后，可以组织家庭阅读活动或者让孩子参加阅读俱乐部，营造出浓厚的读书氛围，增加阅读的趣味性和互动性。

学会夸，孩子更优秀

看来是懂事了，之前不爱阅读，现在喜欢上阅读了吧？

📝点评

该表述没有具体指出孩子热爱阅读的优点，反而把重点放在孩子"懂事"上，让孩子觉得自己以前不爱阅读是不懂事的行为。

爱阅读就对了，可别再不读书，只顾着玩游戏了。

📝点评

虽然有肯定，但后面的提醒会让孩子感到不被信任，担心自己以后玩游戏会被批评。

你现在和小明一样热爱阅读了，你看他学习多棒啊！

📝点评

通过与他人的对比来表达赞扬，可能会让孩子产生攀比心理，也可能会让孩子觉得自己不如别人。

 专家示范 ▷▷▷▷

你如此专注地沉浸在书籍的世界里，不断汲取知识，这种求知的精神让妈妈很佩服！

你认真挑选书籍、用心品味文字的样子，是成长最美的模样。

看到你如此热爱阅读，妈妈特别开心。你在阅读中思考、感悟，这会让你的人生更加丰富多彩。

你如此热爱读书，不断从书中获得灵感，汲取知识，这是非常棒的学习方式。

你热爱阅读的习惯会为你打开无数扇知识的大门，继续在书海中遨游吧。

你通过阅读拓宽视野、提升自我，相信你的未来一定会更加精彩！

第三章

夸兴趣爱好，夸出全面特长生

孩子做事总是三分钟热度，难以长期坚持；兴趣班报了又报，孩子却提不起劲儿……

你是否还在为孩子缺乏毅力或不敢尝试新事物而苦恼？

阅读本章内容，你将发现夸奖的无限潜能，学会用赞美点燃孩子的热情，帮助孩子树立目标、坚持梦想！

孩子大胆挑战新事物，怎么夸

俊俊胆子比较小，日常生活中很少主动尝试新事物，尤其是有一定风险的活动，如滑冰、滑雪、儿童攀岩等。即使已经做好了充分的保护措施，家长也陪在旁边，但他依旧无法勇敢迈出那一步。

这一次，在妈妈的一再催促下，俊俊终于不情不愿地走进滑冰场，但没多久就因为摔了一跤而放弃，哭着要回家。

为什么不进去？你看大家都玩得很开心哪！

呜呜呜，我不会滑冰，摔跤一定很痛！

专家解读

孩子年龄尚小，对于未知的新事物很容易产生畏难情绪，尤其是有一定风险的运动或活动，很容易会让孩子产生受伤疼痛的负面联想，导致他们没有勇气迈出关键性的一步。这时候，如果家长一味地严厉催促只会适得其反，加倍激发孩子的抵触和排斥心理。

正确的做法是温柔地给予孩子肯定与鼓励，通过耐心的陪伴为孩子建立起安全感，并且用夸奖和鼓励帮助孩子建立信心。一旦孩子进行了尝试，在活动中感受到了乐趣或获得了成就感，他们就能够有勇气主动去体验新事物。

✖ 错误示例 ✖

虽然你滑得还不错，但还是不如其他小朋友勇敢。

📝 **点评**

用别人家的小朋友作对比，容易伤害孩子的自尊心，打击孩子的积极性，从而导致孩子产生自我怀疑，更加不愿意主动尝试新事物。

你这不是自己也能滑吗？刚才在外面白白浪费了半小时。

📝 **点评**

此表述看似夸奖，其实是在指责孩子之前的行为，容易激起他的内疚感，觉得自己的行为不被肯定。

我看你还是有点儿笨，滑个冰也犹豫那么久，学得也慢。

📝 **点评**

全盘否定孩子，不能站在孩子的角度考虑问题，这样的话语很容易使孩子产生自卑心理，并且会加重孩子与家长间的隔阂。

专家示范 ▷▷▷▷

宝贝真棒，真是个勇敢的孩子，这么快就调整好了心态。没错，只要迈出第一步，后面就会轻松很多。

你真的很有天赋，第一次就能滑得像模像样，妈妈当年可没有你这么厉害！

没想到这么短的时间内，你的进步这么大，妈妈为你感到骄傲！

孩子有自己的梦想和目标，怎么夸

随着年龄的增长，孩子们大多会有属于自己的小小梦想和目标，如未来想当科学家、老师、作家等。但丽丽妈妈发现，丽丽似乎并没有什么理想，也没有想要学习的榜样，她唯一的兴趣就是看动画片。

老师和父母都试图引导丽丽树立自己的理想，但她依旧沉迷于看动画片，对此大家都感到很苦恼。

宝贝，你的理想是什么？以后想当老师、医生还是主持人呢？

都不当，我只想看一辈子的动画片。

专家解读

孩子没有明确的梦想和目标，是典型的缺乏内驱力的表现。在青少年时期，他们尚没有足够的自控能力，很容易沉迷于看动画片、浏览短视频、打游戏等，从而变得自由散漫，无法建立起清晰的未来规划。如果家长不能合理地引导孩子，只是以简单粗暴的方式进行说教和要求，反而会激发孩子的叛逆心理，往往适得其反。

家长可以用环境和榜样潜移默化地影响孩子，耐心与孩子沟通交流并予以鼓励，帮助孩子逐渐找到努力的方向，每一次在他们取得进步时都及时表扬，让他们体会到达成阶段性小目标的快乐和意义。

学会夸，孩子更优秀

✕ 错误示例 ✕

你早就应该这样，之前总看动画片，长大了能有什么出息？

📝点评

不仅没有肯定孩子现在的进步，还否定孩子的过去和未来，容易伤害孩子的自尊心，激发孩子的叛逆心理。

对嘛，人还是要有梦想的，但我认为你长大后当一名医生或者老师会更好。

📝点评

不要把自己的想法强加给孩子，应当了解孩子感兴趣的方向，帮助他建立起属于自己的人生目标，否则会加重孩子对未来的迷茫感。

虽然你有了自己的梦想，但凭你现在的成绩很难实现，你得更努力才行。

📝点评

这样的话语非常打击孩子的自信心，无形中给孩子施加了压力，让孩子怀疑自己的能力和努力的意义，可能会浇灭孩子刚刚燃起的热情。

 专家示范 ▶▶▶

宝贝这么喜欢看动画片，以后一定能成为一名优秀的动漫制作人，到时候你可以自己制作动画片给其他小朋友看，所以要从现在开始努力充实自己呀。

今天老师表扬了你的美术作业，你果然很有绘画天赋，爸爸妈妈都非常支持你继续学习绘画，追求自己的理想！

有了梦想，就要脚踏实地去努力，你这次的考试成绩有了进步，恭喜你距离梦想又近了一步！

孩子坚持上兴趣班，怎么夸

爸爸妈妈给小新报了两个兴趣班，希望能够培养他的兴趣爱好，帮助他全面发展。但小新对此一直很抵触，有时装病，有时哭闹耍赖，无论家长怎么劝说，他就是不想去上课。

小新始终不愿意接受兴趣班，即使在父母的催促下勉强去了，他也没有认真听课学习，经常在上课时发呆走神。

专家解读

孩子处于活泼好动的年纪，不想去上兴趣班可能有很多原因，如不喜欢这门课程、感到压力过大、与老师和同学相处不愉快等，这时就需要家长认真倾听和给予理解，及时询问孩子的感受，站在孩子的角度去考虑问题。如果孩子本身对这门课程并无兴趣，而家长只是一味地催促和强迫，可能会适得其反。

正确的做法是耐心与孩子沟通，明确孩子自身的兴趣，不要将自己的想法或期望强加在孩子身上，应该及时调整课程，陪伴并帮助孩子适应，并在孩子认真投入其中时给予肯定和鼓励。

学会夸，孩子更优秀

最近几次你都能坚持去上兴趣班，看来以前就是故意捣乱。

📋 点评

不与孩子耐心交流，话语重心在于批评孩子过去的行为，很容易打击孩子的积极性，让孩子觉得家长看不到自己的进步。

老师说你在绘画班上表现得很好，不如妈妈再给你报一个书法班或者钢琴班？

📋 点评

没有询问孩子的意见，就要去报新的课程，给孩子施加更多压力，容易使孩子产生抵触情绪。

今天居然这么主动去上兴趣班，是不是又憋着什么坏主意呢？

📋 点评

对孩子的进步表示怀疑，误解孩子的行为，容易导致孩子灰心沮丧，丧失对兴趣班的热情。

 专家示范 ▶▶▶

　　最近你一直坚持去上兴趣班，真是个有毅力、有恒心的好孩子，爸爸妈妈为你感到高兴！

　　今天兴趣班老师表扬了你，说你课堂作业做得很优秀，恭喜你终于找到了适合自己的爱好！

　　爸爸妈妈相信你一定能坚持下去，只要是你自己喜欢的，不管学什么我们都会一直支持你！

孩子学会一项新技能，怎么夸

在日常生活中，奕泽经常表现得没有耐心，尤其是在接触和学习某项新技能的时候。一旦遇到困难，他就会产生畏难情绪，进而变得烦恼焦躁，总是想半途而废。

尽管爸爸提出要和奕泽一起组装模型，但奕泽依然表现得兴致不高，不愿意参与其中，平时他在学习其他技能时也很容易懈怠，遇到困难便无法往前。

拼装模型好难哪，我不想继续了！

专家解读

孩子的心智发展尚未成熟，难以专注于同一件事情，很容易被其他因素干扰，这是很正常的现象。学习一项新的技能对孩子来说是有一定难度的，如果进展不顺利，就会让孩子产生挫败感和抵触心理，让他们打退堂鼓。越是在这种时刻，家长越不能操之过急，家长的责备只会让孩子失去学习的热情。

正确的做法是给予足够的陪伴和鼓励，在学习的过程中重视孩子点点滴滴的进步，适时地予以肯定，从而提升孩子的自信心，鼓励孩子克服困难。

学会夸，孩子更优秀

不错，你又学会了一项新技能，不过时间花费得太久了，下次效率应该再高一点儿。

点评

看似是在夸奖，其实还是在暗中否定，这样会让孩子觉得自己始终做不到最好，非常有挫败感，久而久之导致自信心下降。

你看这不是也学会了吗？怎么之前放弃那么多次？果然还是做事不专心。

点评

没有及时肯定孩子的进步，反而抓住之前的小错误不放，容易打击孩子的热情和积极性。

虽然这项技能没什么用处，对成绩也没帮助，但你学得确实挺快的。

点评

明褒实贬，否定了孩子的学习成果。不要用成人思维去评判孩子的行为，要及时对孩子的学习能力予以肯定，正确地引导孩子。

 专家示范 ▷▷▷

这么有难度的一项技能，你居然几小时就掌握了要领，爸爸妈妈真为你感到骄傲！

今天你在学习过程中遇到了困难，但很快就克服了，真是个聪明又独立的好孩子。

妈妈相信，只要你保持这样的恒心，以后能学会越来越多的新技能。你简直就是全面发展的小天才！

孩子参加才艺比赛得奖，怎么夸

小文生性胆怯内向，不敢在公众面前表现自己，学校里有大型活动或者比赛时她从不参加。但她其实很喜欢唱歌，而且唱得很好听，只是需要一个展示的舞台。

最近，学校里要举办才艺比赛，宣传海报已经贴出来了，朋友想拉着小文一起去报名，但小文迟疑地拒绝了。

尽管朋友一再邀请，还说两人可以组队参赛，但小文依然无法鼓起勇气，她认为自己做不好，一定会在台上出糗。

专家解读

性格内向、腼腆的孩子，通常情绪敏感，自尊心强，对自己的要求也比较高，这样的孩子在面对大型活动或比赛时通常会担心自己无法做到最好，从而产生退缩心理。如果在孩子退缩的时候，家长或老师一味地责备，或执着于强迫孩子继续参加比赛，只会加重孩子的负面情绪。

正确的做法是耐心与孩子沟通，在肯定孩子能力的基础上，以鼓励的方式告诉孩子，无论成功或者失败都没关系，重要的是享受过程。

学会夸，孩子更优秀

✕ 错误示例 ✕

你看，我就说嘛，其他同学都行，你也一样可以，这不就得奖了吗？

📝**点评**

切忌与其他孩子比较，这样会使孩子习惯于与别人作比较，无法专注于自身能力的提升。

幸好你参加了比赛，还得了奖，否则之前练习这么久都白费了！

📝**点评**

这样会使孩子认为家长真正重视的是比赛结果，而不是自己的感受，从而冲淡孩子得奖的喜悦，增加孩子的心理压力，也会导致孩子以后在参加比赛时有很重的得失心。

真不错，得了三等奖，下次再接再厉，能拿个一等奖就更棒了。

📝**点评**

没有将重点放在肯定孩子的能力上，反而提出更高的要求，无形中给孩子施加压力，容易增加孩子的挫败感。

专家示范 》》》

天哪，太棒了，你居然得了三等奖，真是太优秀了！

妈妈早就说过你一定可以，你这么聪明又多才多艺，以后还可以大胆参加更多的比赛。

你这次克服了紧张情绪参赛，突破了自己，做得特别棒。而且你还得了奖，说明你本身就有过硬的能力，妈妈相信你下一次还能做到更好。

孩子学习和发展兴趣两不误，怎么夸

年年平时很喜欢画漫画，在草稿纸上画，在笔记本上画，甚至还在课本上画……但是他对画画儿的热情太过高涨，难免会占用过多的学习时间，有时候作业没写完他就开始画，画到很晚还不肯停下。年年爸爸不断提醒他要先完成作业，不要因为画画儿耽误了学习。

年年虽然嘴上答应着，但却不能平衡好学习和画画儿的时间，他依然经常因为画画儿而耽误写作业，甚至还影响到课堂的听讲效率。

我说过多少遍了，不要因为画画儿耽误学习！

爸爸，我画完这张一定好好写作业！

专家解读

学习对于小孩子来讲难免会有些枯燥，同时，他们的自律能力不够强，注意力容易被更有趣的东西吸引。他们会本能地投入自己的兴趣爱好，因此会挤占正常的学习时间。如果家长过于严厉地阻止孩子发展爱好，强迫他们投入学习，只会适得其反，使孩子更加抵触学习。

正确的做法是鼓励孩子制定学习目标，合理地安排自己的时间，通过完成学习目标来获得发展兴趣爱好的时间奖励，由此调动孩子的学习积极性，这样他们在学习时也会更加专注。

学会夸，孩子更优秀

✖ 错误示例 ✖

你今天先做完了作业才去画画儿，这样很好，但下次最好再多抽出时间背一背课文。

📝**点评**

孩子做到了平衡学习和画画儿的时间，家长非但没有给予表扬，还提出了新的要求，这样很容易打击孩子的学习积极性。

虽然你目前画画儿没有耽误学习，但你的爱好毕竟对提高成绩帮助不大，以后还是换一个爱好吧。

📝**点评**

家长试图干涉孩子的兴趣爱好，无形中限制了孩子的精神自由，这样不仅会让孩子与家长产生隔阂，也会让孩子对学习产生抵触心理。

最近表现不错，终于不像之前那样，为了画几张破画儿连作业也不写了。

📝**点评**

看似是表扬的行为，实际上在贬低孩子，这样的话语非常刺耳，直接否定了孩子的价值。

专家示范 ➤➤➤

宝贝最近能按时完成作业，成绩稳步提升，绘画水平也提高了，真是学习爱好两不误！

能在学习与兴趣爱好之间做到平衡，需要很强的自律能力和规划能力，你现在已经具备了这两种能力，爸爸妈妈为你感到骄傲。

你的进步真是太明显了，爸爸妈妈希望你能继续保持这种状态，课堂上认真学习，课余时间也能画出更多优秀的作品！

第四章

夸社交能力，
夸出社交小达人

孩子不敢主动交朋友，家长着急却不知道怎么帮；孩子不愿跟人打招呼，不管家长怎么催都不张嘴……

你是否在孩子的人际交往难题前束手无策？

阅读本章内容，你将解锁夸奖的魔力钥匙，在赞美与鼓励中，让孩子轻松融入集体，收获纯真友情，变得更受欢迎！

孩子主动结交新朋友，怎么夸

贝贝平时比较内向，容易害羞，不擅长与陌生人交流，学校里的朋友也不太多。偶尔有同龄的小朋友主动邀请他一起玩，他总是犹豫退缩，不敢与人交流。

父母希望贝贝能够提升人际交往的能力，结交更多新朋友，但劝说了很多次依然见效甚微，贝贝还是很难主动结交新朋友。

专家解读

孩子不敢主动结识新朋友，可能是因为性格内向，与他人讲话会觉得紧张；或者是担心主动开口会被对方拒绝，害怕不被接纳；又或者是缺乏最基本的沟通技巧，导致社交效果不佳，进而更加抗拒社交。

对于这种情况，家长应该反思自己是否对孩子保护过度，或者平时给孩子施加了过多的精神压力。正确的做法是家长要深入了解孩子不愿与人交往的原因，肯定孩子的品质与能力，给孩子建立起心理安全感，在他每一次主动与人沟通时，都及时给予正向反馈，真诚地夸奖。

学会夸，孩子更优秀

真不错，以前跟个闷葫芦似的，现在终于愿意主动结识新朋友了。

📝点评

看似是在夸孩子，实则带有讽刺意味，容易伤害孩子的自尊心。

今天居然这么主动和其他小朋友讲话，这还是我家那个胆小的孩子吗？

📝点评

这样的反问句式充满了不信任，也会让孩子对自己的行为产生怀疑，进而失去勇气和自信。

你刚才做得不是很好吗？以后主动一点儿，不要总是等着人家找你，或者让爸爸妈妈代替你和别人讲话。

📝点评

前半段虽然肯定了孩子的行为，后半段却在无形中指责孩子，会让孩子觉得父母嫌弃自己，从而缺乏安全感。

 专家示范 ▶▶▶

天哪！宝贝，你终于展现出结交朋友的潜力了，妈妈就知道你一定能行！

爸爸妈妈早就说过，你是一个友善的好孩子，会有很多人愿意和你交朋友的。

你放心，只要你保持这样的状态，愿意真诚主动地表达自己的想法，你就会结交到越来越多的朋友，爸爸妈妈都相信你。

孩子看见熟人主动打招呼，怎么夸

妈妈最近发现，有好几次在外面遇到熟人，或者家里来了熟悉的客人，小美都不肯主动和对方打招呼，只知道躲在自己身后，甚至进屋关上门，表现得非常害羞胆怯。妈妈多次提醒小美见了熟人要主动打招呼，否则是很不礼貌的。但小美依然没有和熟人打招呼，妈妈的提醒也没什么效果，她甚至对这件事更加抗拒了。

小美，这是刘阿姨，上次还给你带过零食呢。

妈妈，我们快点儿回家吧。

专家解读

孩子在社交活动中的害羞和抗拒是一种与生俱来的自我保护本能。毕竟每个孩子的性格不同，教育孩子也需要遵循他们自身的成长特征。所以在孩子不愿主动与熟人打招呼时，父母不要为了自己的面子而强迫孩子开口，这样会使孩子觉得自己被人驱使和控制，进而内心产生抗拒，你越想让他打招呼他越是不愿开口。

正确的做法是不要当着熟人的面对孩子说教，家长应当尽量营造出轻松愉快的交谈氛围，让孩子建立起对熟人的信任感，引导孩子主动开口，并且在孩子做到这一点时，及时给予表扬和肯定。

学会夸，孩子更优秀

这就对了，下次也要记得主动和阿姨打招呼，别显得那么没礼貌。

📋 点评

看似在肯定孩子，却把话语的重点放在强调孩子没礼貌上，在熟人面前伤害了孩子的自尊心。

不错，居然学会主动打招呼了，我还以为你今天也准备当个小哑巴呢。

📋 点评

采用阴阳怪气的语气，没有给予孩子真诚的赞扬和鼓励，很容易让孩子再度产生抵触心理，让孩子更加不愿主动与人沟通。

对嘛，就应该这样打招呼，你看人家刘阿姨的女儿平时就做得很好。

📋 点评

当着熟人的面，把孩子和别的小朋友作比较，会让孩子产生深深的挫败感。

 专家示范 ▶▶▶

真棒，妈妈刚才还跟刘阿姨说呢，我家宝贝一直很有礼貌，每次见到熟人都会主动打招呼。

宝贝你知道吗？你大声和别人打招呼的样子又热情又自信，妈妈真为你感到骄傲！

你是一个很有礼貌的乖孩子，那些叔叔阿姨都很喜欢你，以后见了面，也要记得主动问候他们，好不好？

孩子对长辈使用礼貌用语，怎么夸

生活中，威威缺乏对长辈最基本的关心与尊敬，他习惯了长辈无底线的宠爱，逐渐恃宠而骄，有时候会很无礼地对待长辈，讲话粗鲁而没有礼貌，不使用敬语，甚至对长辈大喊大叫。

奶奶并不在意威威的态度，反而说要给他买新玩具，妈妈为此严厉批评了威威，但他并没有认识到自己的错误，还显得很不服气。

你应该对奶奶说谢谢！

宝贝，这个送给你！

不要，我不喜欢这个颜色！

专家解读

小孩子不尊敬长辈有很多原因，比如，家长在一开始看到孩子做出无礼举动时，没有及时制止；长辈对孩子过分溺爱，没有把握好尺度；家长没有做好传统价值观的教育，或是没有以身作则，给孩子树立榜样。

遇到问题时，只是责骂孩子是没有用的，正确的做法是以身作则，身体力行地孝顺老人，营造良好的家庭氛围；及时纠正孩子的无礼行为，耐心地加以引导；建立奖惩机制，对长辈无礼就取消娱乐活动或零食，尊敬长辈则可以获得表扬和一些小奖励。

学会夸，孩子更优秀

✕ 错误示例 ✕

真是怪事，今天居然知道对长辈使用礼貌用语了？

📝**点评**

以反问句式表达对孩子的质疑，会让孩子觉得自己不被信任，从而产生逆反心理。

好，对长辈就应该有礼貌，继续保持，否则爸爸妈妈可要没收你的游戏机了。

📝**点评**

对孩子的进步表现出理所当然的态度，并用威胁的语气与孩子沟通，会让孩子失去安全感。

你总算知道要尊敬长辈了，早点儿这样爸爸妈妈也不至于为你操那么多心。

📝**点评**

以父母的身份，居高临下地对孩子施加压力，并不能起到鼓励孩子的效果。

👍 专家示范 ▶▶▶

今天听到你和奶奶说了"请"和"谢谢"，上次犯错误也和奶奶说了"对不起"，你真是一个尊敬长辈的好孩子，爸爸妈妈很欣慰。

宝贝，奶奶总和妈妈夸你懂礼貌又贴心，平时没有白疼你，现在看来奶奶说得很对，你值得拥有我们全家人的宠爱。

你做得这么好，妈妈相信你以后和别的长辈讲话，也一定会使用礼貌用语。

孩子热心帮助同学，怎么夸

无论是在学校里还是在日常生活中，父母发现小枫似乎并不习惯对身边的人伸出援手，每当遇到别人需要帮助的情况时，哪怕是认识的同学，他也很少主动上前，反而总是摆出一副事不关己的冷淡态度。

尽管父母经常教育小枫应该热心帮助同学，助人为乐，但小枫依然我行我素，对他人缺少同理心，对此父母感到非常苦恼。

专家解读

孩子日常生活中缺乏共情心和同理心，对他人的境遇漠不关心，不愿意给予力所能及的帮助，这样的情况通常是因为父母平时的教育不到位。

任何一种优秀品质的养成都离不开家庭氛围和父母行为的影响，只有家长以身作则，树立起榜样，才能让孩子意识到帮助他人的重要性，不至于将来在人际关系方面陷入困境。

正确的做法是用自己的行为引导孩子从小事做起，积极地帮助他人，在孩子帮助他人时及时赞扬，由此形成良性循环，逐渐让孩子体会到帮助他人的成就感与快乐。

学会夸，孩子更优秀

✗ 错误示例 ✗

听说你今天主动帮助同学打扫教室了，这样很好，早点儿这样做，你在班里的人缘也不至于那么差。

📝 **点评**

先表扬后批评，重点在于强调孩子的缺点，话里话外指责孩子在班级里人缘差，容易加深孩子的挫败感，影响孩子的自信心。

你今天居然主动帮助了同学，这才像话嘛，总算不是个冷漠又糟糕的孩子了。

📝 **点评**

看似是在肯定，实则暗中否定孩子的本质，居高临下地进行说教，容易使孩子产生自我怀疑，否定自我。

你今天帮生病的同学带作业，做得不错，但你的同桌是助人为乐小标兵，你还得继续努力，向她看齐。

📝 **点评**

把孩子和其他同学作对比，还提出更高要求，给孩子施加压力，从而打击孩子的积极性。

 专家示范 ▶▶▶

宝贝，今天老师表扬你了，说你下午主动帮值日的同学打水擦地，真是个乐于助人的好孩子！

妈妈今天看到你放学帮同学拎书包了，你这么热心善良，难怪大家平时都喜欢你，愿意和你交朋友。

宝贝这么热心地帮助别人，人缘一定非常不错，妈妈真为你感到骄傲！

孩子和同学团结合作，怎么夸

在学校里，老师经常会布置一些分组作业，需要同学们自由分组，合作完成一幅画或者一件手工，以此培养孩子的团队合作意识。但最近老师向小玲妈妈反映，小玲在校的分组作业总是独自完成，最近一次也是这样，甚至小玲的同桌主动想和她一起做手工作业，也被小玲拒绝了。

之后的分组作业，小玲依旧坚持独自完成，不愿与其他同学合作，因此她不仅作业分数很低，而且久而久之，没有同学再愿意主动邀请她了。

你为什么不愿意和同桌一起完成手工作业？

她太笨了，我不想跟她合作！

专家解读

孩子缺乏团结合作意识，久而久之可能会变得性情孤僻，进而出现人际关系问题，难以与他人沟通、相处。正确的做法是家长要在日常生活中积极引导孩子，多与孩子互动，做一些亲子合作游戏，与孩子商量如何分工，并在活动过程中肯定孩子的表现，从而帮助孩子体会到与人合作的乐趣。

学会夸，孩子更优秀

✕ 错误示例 ✕

听老师说你今天主动和同桌合作完成了作业，真不错，要是还像之前那样，我真担心你手工课的期末成绩不及格。

📝 **点评**

明褒实贬，暗含讽刺，无形中打击了孩子的积极性。

太棒了，你总算知道要和别人团结合作了，还是受你同桌影响了吧，你看你同桌和谁都能合作得很好。

📝 **点评**

把重点放在夸奖同桌上，会使孩子认为自己不如别人，从而怀疑自我并产生不必要的嫉妒心。

听说你今天居然和同桌合作完成了手工作业，这是受什么刺激了？

📝 **点评**

对于孩子的进步没有及时肯定，反而过度惊讶，言语讽刺，会让孩子认为父母不信任自己，容易产生逆反心理。

 专家示范 ▶▶▶

今天老师表扬了你，说你主动和同桌合作完成了手工作业，而且完成得非常优秀，作业分数是班里的第三名。我的宝贝进步很大，妈妈真为你感到高兴！

妈妈早就说过，只要你愿意真诚地和别人合作，同学们一定都很愿意与你一起完成作业。你看，你做得多好哇！

宝贝动手能力很强，又能团结同学，真是一点儿都不让爸爸妈妈操心呢。

孩子勇敢为被欺负的同学说话，怎么夸

校园内偶尔会发生高年级同学欺负低年级同学或同学之间抱团孤立别人的情况。成成的朋友最近也受到了同班同学的刻意孤立，几名同学还强行拉着成成加入，强迫他不能和自己的朋友一起玩。成成因为担心拒绝后自己也被欺负，只能勉强答应。

事后，成成和朋友的友谊受到了严重影响，成成为此很苦恼，将这件事告诉了家长。成成既不想失去朋友，也不敢反抗那些孤立别人的同学，实在不知道该怎么办了。

我们都不和他玩，你也不许和他玩。

那……好吧。

专家解读

有些孩子性格较为腼腆，遇到难题时习惯性退缩，没有勇气维护自己的权利，当身边亲近的同学遭遇困境时，他的第一反应也是回避，不敢替被欺负的同学发声，担心反击会给自己也带来危险。遇到这种情况，家长需要反思自己，平时是否给孩子灌输了太多关于忍让和不争不抢的观念，没有教育孩子要合理地维护自己的权利。

正确的做法是给予孩子积极的心理暗示，鼓励孩子勇敢表达自己的观点，并对他勇敢迈出的每一步都表示肯定，增强孩子的勇气与自信心。

学会夸，孩子更优秀

✖ 错误示例 ✖

是呀，你早该这样，如果连看到同学被欺负都不敢说话，以后谁还愿意跟你做朋友？

📝**点评**

看似是表扬但更像是指责，无形中给孩子带来多重心理压力，还可能让孩子产生自我怀疑。

今天怎么想起帮被欺负的同学说话了？不错，总算证明自己不是个胆小鬼了。

📝**点评**

并非不敢说话就是胆小鬼，不要抓住这一点来否定孩子，容易使孩子陷入自我怀疑。

今天做得很好，以后也要保持，别像之前那样畏畏缩缩的，否则人家不欺负你欺负谁？

📝**点评**

虽然肯定了孩子的进步，但和孤立者共情，容易让孩子对父母感到失望。

 专家示范 ▶▶▶▶

你今天站出来为被欺负的同学说话，不仅捍卫了友谊，也证明了自己的勇气!

宝贝，你今天做得很对，看到同学被欺负就应该勇敢发声，你是正义的小使者，爸爸妈妈为你感到骄傲!

欺负别人是不对的，你今天为被欺负的同学说话，爸爸妈妈支持你的做法。难怪老师表扬你，同学们也都愿意和你这样勇敢的孩子交朋友。

孩子担任班干部，怎么夸

最近班里要竞选班干部，老师鼓励同学们积极报名。多多成绩很好，多才多艺，平时人缘也不错，他想参加竞选，却犹豫着不敢报名，觉得自己竞选失败的话会很丢脸。

家长认为多多各方面都很优秀，完全可以争取一下，但多多很抵触上台演讲，几经劝说依然克服不了心理障碍，最终决定放弃。

专家解读

孩子不敢参加班干部竞选，通常是因为不自信，害怕竞争，心理脆弱，难以接受失败的结果，归根结底是在人际交往层面的教育缺失。如果家长一味地责备孩子缺少勇气，或强迫孩子参与竞选，只会增加孩子的抗拒情绪，让孩子对竞选这件事更加排斥，最终可能会在竞选中表现不好，从而导致恶性循坏。

正确的做法是培养孩子的强者思维，肯定孩子的能力，给予正向的暗示，引导他积极参加竞选，展现自我，无论是否竞选成功，都要给出足够的肯定和赞扬。

学会夸，孩子更优秀

恭喜你竞选上了班干部，虽然不是班长，只是个劳动委员，但也算不错。

点评

看似是夸奖，实则隐晦表示孩子没有做到最好，这样很容易打击孩子的自信心和积极性。

你看，我就说能竞选成功吧。如果像你之前那样因为害怕而放弃，不就什么机会都没有了？

点评

抓住孩子竞选前的顾虑进行强调，只会加重孩子的心理负担，即使竞选成功了也无法建立起自信心。

挺好的，我就觉得你应该能竞选成功，可惜只差三票就能当班长了，你以后还是要向人家班长多学习。

点评

功利心太强，只看重结果，将孩子和他人作比较，不能正视孩子的优点和能力，会让孩子产生挫败感。

 专家示范 ▶▶▶

宝贝做得非常好，就应该这样勇敢上台展示自己，你看果然竞选成功了，这就是你的能力的最佳证明！

恭喜宝贝竞选上了班干部，爸爸妈妈相信凭借你的能力，未来一定可以处理好和同学们的关系，配合老师的工作，为班集体做贡献。

虽然你上台竞选前一直很紧张，但其实爸爸妈妈一点儿也不担心，因为你本来就很优秀。而且，不管成功与否，你永远都是我们眼中最棒的孩子！

孩子学会分享，怎么夸

宁宁有很多喜欢的玩具和模型，她把它们都保存在展示柜里，每当有同学来到家里做客，她都只允许对方参观。每当有同学提出要摸一摸或者玩一玩，她都会斩钉截铁地拒绝。

尽管父母教育过宁宁，要学会与同学一起分享，但宁宁依旧坚持那是自己心爱的玩具，不能让别人随便玩，以免把玩具弄坏了。

这是我最喜欢的模型，你不准碰！

朋友之间应该学会分享。

专家解读

孩子在一定的年龄阶段会进入物权意识敏感期，这个阶段的孩子拥有较强的自我意识，正处于探索自己与物品间关系的过程。其实孩子的确应该拥有对自己物品的处置权，这时候如果家长不理解孩子，还一味地数落孩子小气、自私，甚至强行动手代替孩子分享，只会让孩子失去安全感，认为属于自己的东西被抢走了，此后会越来越抗拒与人分享。

正确的做法是在把分享权交给孩子的前提下，了解孩子的顾虑，耐心告知孩子就算玩具损坏了也没关系，父母会买新的作为补偿。在孩子表示愿意分享的时候，也要表现得足够赞赏和喜悦，让孩子感受到分享的快乐。

✗ 错误示例 ✗

你终于学会了和别人分享玩具，否则像你以前那样小气、自私，是交不到朋友的。

📝**点评**

缺乏对孩子最基本的尊重，贸然评判孩子的品质，很容易让孩子内心受到伤害。

还好你学会了与他人分享，如果你一直不肯分享，爸爸妈妈都不准备再给你买新玩具了。

📝**点评**

用委婉威胁的方式给孩子施加压力，会让孩子越来越没有安全感，就算与他人分享，也是一种被迫的心态，依然存在抗拒心理。

这次做得不错，知道把玩具分享给同学了，你看陈叔叔家的孩子就很善于分享，你应该多和人家学学。

📝**点评**

不仅不关心孩子的意愿，还将孩子和别人比较，无形中伤害了孩子的自尊心。

 专家示范 ▶▶▶

　　宝贝，你今天是不是把自己最喜欢的玩具分享给同学了？你看同学当时多开心，宝贝真是个善良又大方的好孩子，妈妈为你感到骄傲。

　　善于分享是一种重要的美德，你今天把玩具分享给小朋友了，真棒！妈妈相信你也会愿意继续把玩具分享给别人。

　　宝贝放心，分享并不等于赠送，妈妈向你保证，玩具永远是你的玩具，而你一直拥有处置玩具的权利，这是好孩子应该得到的奖励。

孩子主动谦让弟弟妹妹，怎么夸

每次有亲戚或者朋友家的小孩子来做客时，无论是吃东西还是玩玩具，豆豆似乎都不愿对弟弟妹妹谦让，有好吃的一定要抢着吃，玩具也要抢着玩，哪怕弟弟妹妹已经哇哇大哭了，她也无动于衷。

事后，父母严肃批评了豆豆，告诉她应该学会谦让，但豆豆依然表现得很不服气，认为自己并没有做错什么。

给我，这是我的……

这是我的……

专家解读

孩子的心理是很敏感的，当生活中出现比自己年纪小的孩子，而家长的注意力都集中在对方身上时，难免会让孩子没有安全感，觉得自己得不到关注，从而变得不够谦让和宽容。在这种情况下，家长应当尊重孩子的想法，安抚孩子的情绪，不要一味地指责孩子，更不要火上浇油，激化双方矛盾，使问题更严重。

正确的做法是仔细观察孩子的情绪变化，了解孩子不愿谦让的情绪根源，耐心给孩子提供情绪价值和解决办法，从而让他学会适当地谦让弟弟妹妹，建立起自身的责任感。

学会夸，孩子更优秀

✕ 错误示例 ✕

这样才对嘛，你刚才就应该把玩具先让给弟弟玩，也省得妈妈操心。

📝 点评

用理所当然的口吻评价孩子的行为，这并不是对孩子的肯定，反而让孩子觉得自己的情感得不到关注，会疏远亲子间的关系。

你把玩具让给了弟弟，这样很好，是身为姐姐应该做的，你看你表哥每次都把玩具给你玩，你要以表哥为榜样。

📝 点评

把谦让当作理所应当的行为，并且重点表扬了别人家的孩子，会让孩子觉得自己不被肯定，从而产生沮丧情绪。

你刚才把玩具让给了弟弟是对的，待会儿吃饭时也要记得照顾弟弟，别再惹弟弟哭了。

📝 点评

不断给孩子提出新的要求，增加了孩子的心理压力。

专家示范 ▶▶▶▶

妈妈刚才看见，你主动把玩具让给了弟弟玩，宝贝真棒，真像个大姐姐的样子，谢谢我的宝贝。

宝贝真是个既谦让又宽容的好孩子，知道先把玩具让给弟弟玩，妈妈为你感到骄傲。

宝贝真是长大了，知道主动照顾弟弟了，为了奖励你，妈妈今晚做你最爱吃的红烧排骨。

第五章

夸品行修养，
夸出德育好榜样

　　孩子爱说脏话，家长纠正一个又冒出一个；孩子爱在公共
场合哭闹，家长软硬兼施都没用……

　　你是否正为孩子性格中的瑕疵感到忧心？

　　阅读本章内容，你将领略夸奖的非凡魅力，用夸奖和鼓励
引导孩子建立正确的价值观，在孩子的成长道路点亮一盏道德
的明灯。

孩子输了比赛不哭不闹，怎么夸

乐乐为钢琴比赛做了很久的准备。每天放学后，小伙伴们休息玩耍的时候，他都在刻苦练习。但比赛这天，他不小心弹错一个音，输给了同组的女生。一走下舞台，乐乐就号啕大哭。无论爸爸妈妈如何耐心劝导，乐乐都听不进去，无法缓解难过的情绪。

乐乐一直是个要强的孩子，对自己要求特别严格，每一次输了比赛，都要大哭大闹一番，乐乐的爸爸妈妈为此也很苦恼。

比赛有输有赢，你要学着接受哇，下次继续努力就行了。

你今天演奏得已经很棒了，爸爸妈妈都看见了。

专家解读

家长对孩子的期望过高，孩子自我要求太严格、好胜心强或缺乏正确的输赢观，都有可能导致孩子在输掉比赛后做出哭闹行为。如果家长忽视孩子的感受，用粗暴的手段制止，甚至过度批评，就可能会加剧孩子的挫败感，打击孩子的自信心，甚至让孩子对未来的比赛产生退缩心理。

正确的做法是肯定孩子为比赛做出的努力，温和地引导孩子控制情绪，并用恰当的夸奖激励孩子的正向行为，让孩子意识到哭闹改变不了结果，学会正确看待比赛里的输赢。

学会夸，孩子更优秀

✕ 错误示例 ✕

这次输了你竟然没哭，是不是知道以前做得不对了？

📝 点评

看似是在夸奖，实则在批评孩子以前做得不好，忽视孩子当下的优点。

你真棒，输了都不哭，比赢了还厉害！

📝 点评

夸奖孩子时不能忽略客观事实，不能为了表扬孩子没哭的行为，让孩子无视比赛本身的价值和参赛过程的重要性。

输了也没关系，至少你没哭，妈妈很欣慰。

📝 点评

只强调了"不哭"的行为，忽略孩子的比赛过程和为控制情绪所做的努力，不利于对孩子的正确引导。

专家示范 ►►►

你输了比赛但没有气馁，这种积极的态度真的很难得，你做得很棒！

即使比赛输了，你也没有放弃，这种坚持不懈的精神非常宝贵。

你输了比赛却没有哭，妈妈真的很欣慰。在妈妈心里，你的坚强和勇敢比任何奖牌都闪耀！

这次你能够坦然接受比赛结果，爸爸妈妈看到了你的成长，真为你高兴！

你输了比赛后，能够冷静地分析自己的不足，并且没有哭闹，你真是一个坚强又理智的好孩子。

孩子犯错后不说谎话逃避，怎么夸

小雪妈妈正在书房工作，客厅忽然传来一声脆响，她连忙出去查看，发现茶几上的水杯被摔碎了，小雪不知所措地站在一旁。

见妈妈一脸着急，小雪连忙辩解道："我不知道杯子是怎么碎的。"

小雪观察着妈妈的表情，又说："它突然就碎了。"

小雪妈妈知道小雪一直在客厅玩，水杯极有可能是小雪打碎的，但她很犹豫，怎么做才能引导小雪自己承认错误呢？

真的是这样吗？

我不知道，它突然就碎了。

专家解读

孩子犯错后说谎逃避，除了与孩子本身的性格和认知有关外，很大程度上还受家庭环境和父母教育方式的影响。如果家庭长期处于紧绷高压的氛围，父母对孩子的要求严苛，总是因为一点儿小事就对孩子进行严苛的惩罚，孩子就会过度敏感，非常害怕承担犯错的后果，进而不愿正视自己的行为，于是通过说谎来逃避责任。

孩子犯错时，家长首先应该控制好自己的情绪，给孩子提供足够的安全感，引导孩子主动承担后果，并用适当的夸奖和鼓励给予孩子信心，让孩子知错就改，建立承担责任的勇气。

学会夸，孩子更优秀

看在你这次说实话的份儿上，我就不惩罚你了。

点评

将诚实作为免除惩罚的条件，可能会让孩子误以为只要诚实就可以逃避惩罚，而不是出于内心的道德和责任感去承担责任。

你这次没撒谎，真是个好孩子，以后也要这样哦，不然我就不喜欢你了。

点评

将不撒谎和对孩子的爱捆绑在一起，可能会给孩子带来压力和焦虑，认为家长的爱都是有条件的。

你这次没撒谎真是太好了，不然我又要头疼怎么教育你了。

点评

暗含了家长对孩子的不信任，可能会让孩子产生自我怀疑和自卑心理。

专家示范 ▷▷▷▷

虽然你犯了错，但你没有选择逃避或掩饰，而是如实向我承认错误，这种坦诚和勇气值得夸奖。

你没有逃避责任，做得很好，我相信你也会从这次经历中学到很多。

看到你犯错后毫不犹豫地站出来承认，爸爸妈妈觉得很欣慰，有任何问题我们也会陪你一起面对。

你有勇气面对自己的错误，这种做法比逃避要勇敢得多，为你的勇敢点赞！

你的诚实让我看到了你的勇气和正直，这些都是闪闪发光的品质，我们都相信你能改正错误，做得更好！

孩子严格遵守约好的时间，怎么夸

已经晚上十点了，杉杉还坐在沙发上看动画片。杉杉爸爸提醒他："我们说好的，看到九点五十就去洗漱，十点准时睡觉，你已经超时了。"杉杉不耐烦地说："知道了，知道了，还剩几分钟就看完了。"

杉杉爸爸见状，直接用遥控器关掉了电视。

面对哭闹的杉杉，杉杉爸爸有些束手无策。他想给杉杉建立时间观念，可杉杉每次都答应得好好的，结果转头就忘，他也不知道怎么做了。

专家解读

孩子不遵守约定好的时间，是缺乏责任心与时间管理意识的表现。如果不加以正确引导，不仅会让孩子变得越来越拖延，影响学习效率，还可能让孩子因为缺乏诚信，在社交活动中失去他人的信任，进而影响孩子的人际关系。除此之外，如果孩子总是不遵守与家长约定的时间，还会让家长在进行教育和引导时失去权威性。

家长应该向孩子强调时间管理的重要性，并在孩子遵守约定时及时给予夸奖，鼓励孩子的正向行为，帮助孩子逐渐养成守时守信的好习惯。

学会夸，孩子更优秀

✕ 错误示例 ✕

今天怎么这么准时就关电视呀？看来我天天提醒还是管用的嘛。

📝 **点评**

把孩子遵守时间的行为，归因于家长的提醒，否认了孩子的主动性，容易挫伤孩子的积极性。

今天还挺守时的，你看，这不是很容易就能做到吗？

📝 **点评**

忽略了孩子努力的过程，轻视孩子努力的成果，会降低孩子的成就感，甚至可能让孩子产生自我怀疑。

你这次做得真好，我给你买个玩具作为奖励。

📝 **点评**

过度依赖物质奖励，会让孩子觉得遵守时间只是为了获得利益，不利于帮助孩子建立正确的价值观。

专家示范 ⟫

你能够严格遵守约定好的时间，展现了你的责任感和自律性，我为你感到骄傲。

我看到你提前设置好闹钟提醒自己，这是懂得管理时间的表现，你做得特别棒！

你这次特别守时，一点也不拖延，爸爸妈妈真的应该向你好好学习。

你准时关掉了电视，说明你不仅非常守信用，也懂得尊重我们之间的约定，为你点赞！

你今天说到做到，遵守我们约好的时间，进步非常大，爸爸妈妈也一直相信你能做到！

79

孩子遇到问题不乱发脾气，怎么夸

巧巧得到了一盒新的拼图，晚饭后，她兴致勃勃地拼起来。拼图难度很大，巧巧拼着拼着就失去耐心，但她又想看到拼好后的样子，只能继续坚持。好不容易快要拼好了，有一块拼图却怎么也找不到。

巧巧妈妈正想帮助她，巧巧却忽然大发脾气，一把将拼好的部分全部摔到地上。

巧巧是个急性子，尤其是遇到问题的时候，更是控制不住脾气。

专家解读

孩子遇到问题就发脾气，一方面是由于缺乏情绪管理的意识和方法；另一方面是与家长处理问题的习惯和教育方法有关。如果家长对孩子溺爱，孩子会缺乏解决问题的能力和意识；如果家长对孩子严苛，又可能使孩子压力太大，在挫折面前难以控制情绪。

家长要给孩子做好示范，在孩子闹脾气时控制好自己的情绪，引导孩子冷静地解决问题，并在孩子有所进步时及时给予适当的夸奖和鼓励，让孩子建立解决问题的信心，最终学会控制自己的情绪。

学会夸，孩子更优秀

今天怎么这么乖，没发脾气？是不是想要什么奖励？

 点评

将孩子自我管理的动机归结于想要奖励，否定了孩子的努力，误解了孩子。

你这次没发脾气，真是长大了，以前怎么就那么不懂事！

点评

用过去的不足作对比，可能让孩子感到自己一直是不被接受的，甚至产生自我怀疑和自我否定。

这次你总算没乱发脾气，真难得呀！

点评

"总算""难得"等词会让孩子觉得家长对他们的评价总是负面的，自己难以得到家长的认可，很容易打击孩子的自尊心。

专家示范 ≫≫≫

你这次遇到问题时努力保持冷静，进步很大，我为你感到骄傲！

面对难题时，你没有急躁也没有发脾气，而是很耐心地尝试解决，真的很了不起！

你遇到问题时能够保持冷静和理智，值得爸爸妈妈学习！

你遇到难题也能保持冷静，没有让情绪失控，你做得很棒！

你已经学会在遇到难题时保持冷静，这说明你解决问题的能力提升了！

你是怎么在面对难题时还能保持这么冷静的呀，有什么诀窍可以跟我分享吗？

孩子改掉说脏话的习惯，怎么夸

很多小孩子都爱学短视频里的人说话，元宝也一样。元宝妈妈本来不觉得有什么大问题，觉得小孩子爱模仿，表演性强，学着好玩儿而已。可最近，元宝开始时不时蹦出一两句脏话。元宝妈妈每次都严厉地批评元宝，可纠正了这一句，下一次，元宝又蹦出了新的脏话。

为了改掉元宝说脏话的毛病，元宝妈妈不允许元宝看短视频了，可元宝还是能从其他成年人甚至同龄孩子那里学到脏话。

可是大家都这么说呀，我觉得很好玩儿。

说脏话是不对的，以后不许再说了！

专家解读

孩子喜欢说脏话，大多是出于好奇，他们会观察并模仿身边的成年人、同龄孩子以及各种社交媒体用户的言语习惯。他们尚未形成健全的判断能力，无法识别好与坏，为了追求合群或仅仅是觉得"酷"，就把说脏话当作一种潮流。如果家长只是在孩子说脏话时简单粗暴地制止，并不能解决根本问题，孩子也很容易产生逆反心理。

正确的做法是引导孩子建立自己的判断能力，通过适当的夸奖和鼓励，让孩子意识到文明用语才是更加值得推崇的。

学会夸，孩子更优秀

你终于不说脏话了，我还以为你改不了了呢。

点评

强调对孩子的负面评价，暗含家长对孩子能力的不信任，很容易打击孩子的自信心和自尊心。

你能改掉说脏话的毛病，挺不错的，要是其他毛病也能一并改掉就好了。

点评

夸奖的重点没有放在孩子努力的成果上，而是过于急切地给孩子施加新的压力，这样会使孩子充满挫败感。

以前说脏话我就不追究了，只要你现在不说了就行。

点评

不能直接淡化孩子不良行为的影响，否则容易让孩子造成误解，不能深刻理解以前的错误行为。

专家示范 ▶▶▶

我注意到你最近都没有说脏话了，这真是一个很大的进步，我为你感到骄傲!

我相信你能够一直保持不说脏话的好习惯，成为一个有礼貌、文明讲话的好孩子。

你最近说话文明多了，我很高兴看到你的改变。

我知道你在努力改掉说脏话的习惯，我们都相信你能做到，继续加油!

你改掉了说脏话的习惯，给我们树立了一个很好的榜样!

你不仅没有再说脏话，还学会了很多文明用语，现在和你聊天儿真的特别愉快!

孩子在公共场合保持安静，怎么夸

这里是看书的地方，你应该保持安静，不要吵到别人。

跳跳是个小话痨，不管在什么场合总喜欢不停地讲话。跳跳妈妈带他去图书馆看书，跳跳没看几页，就想转过头跟妈妈说话。跳跳妈妈提醒他公共场合要保持安静，跳跳只坚持了几分钟，就又左顾右盼，把书翻得哗哗作响，甚至和旁边的小朋友聊起了天儿，引得周围看书的人全都不满。

为了让跳跳在公共场合规范自己的行为，跳跳妈妈提醒了他很多次，可跳跳总是不放在心上。

专家解读

在公共场合难以保持安静，并不全是因为孩子调皮。首先，孩子尚未完全形成控制自己行为的能力，在公共场合可能更容易兴奋和表现自己；其次，在陌生的环境里，孩子更容易因为好奇而兴奋；最后，孩子还可能受到周围不良行为的影响。在孩子吵闹时粗暴地制止，当时可能起作用，但不能从根本上改变孩子的习惯，还会引发孩子的逆反心理。

正确的做法是加强对孩子公共场合行为规范的教育，并在孩子表现良好时给予充分的夸奖和肯定，激发孩子自我管理的积极性。

学会夸，孩子更优秀

✕ 错误示例 ✕

你今天真乖，没有像其他孩子那样吵闹。

📝 点评

通过贬低其他孩子的方式进行夸奖，会让孩子觉得保持安静是为了比其他孩子优越，而不是为了遵守公共场合的行为规范。

你今天没有给我惹麻烦，没让我丢脸，真是太好了。

📝 点评

强调孩子的行为意义是不给家长惹麻烦，不利于孩子正确理解自身行为规范的意义，还会打击孩子的自尊心。

你今天真听话，叫你别说话你就不说了。

📝 点评

让孩子误以为无条件服从大人的意愿就是对的，忽视孩子的独立思考和判断能力。

 专家示范 ►►►►

我看到你努力控制了自己的声音和动作，即使在很兴奋的时候也能保持冷静，表现得特别好！

你能够保持安静，不仅让自己更专注，还展现了你对他人的尊重，爸爸妈妈为你感到骄傲。

你今天在图书馆里保持安静，连翻书都很小心，真是一个有礼貌、有素质的小朋友！

你今天在图书馆努力保持安静，给大家营造了更舒适的读书环境，谢谢你！

你今天非常注意自己的行为，努力做到不打扰别人，给大家树立了榜样，我们都要向你学习！

孩子给爸爸妈妈准备生日惊喜，怎么夸

思思很爱过生日，因为生日这天，全家人都会一起给她庆祝，既可以吃大餐，又有礼物可以收。但思思从来不记得爸爸妈妈的生日。思思妈妈过生日这天，思思爸爸特意提醒思思，希望思思和他一起给妈妈准备惊喜，可思思只顾着玩，一点儿也不想配合。

其实，父母也并不是希望从孩子那里得到什么。思思爸爸认为，教育孩子心怀感恩是很有必要的。

今天是妈妈的生日，我们一起给她准备一个惊喜，好不好？

可是我既没钱买礼物，也不会做好吃的饭，帮不上忙的。

专家解读

很多家长认为，自己为孩子付出是不求回报的，他们不在意孩子是否记得自己的生日，更不会期待孩子为此付诸行动。实际上，让孩子懂得回报父母，是教育孩子拥有感恩之心的重要一环。如果孩子养成了只懂得索取不懂得回报的毛病，不仅会影响孩子的人际关系，还会影响到孩子的价值观的建立。

家长可以通过提前提醒、营造庆祝仪式感等方式，引导孩子重视家庭成员的生日，鼓励孩子参与到准备工作中，并对孩子的努力给予充分的夸奖和鼓励。

学会夸，孩子更优秀

如果你每次都这么用心，妈妈就更高兴了。

📝 点评

夸奖带有条件性，让孩子觉得只有达到某个标准才能得到认可，打击孩子的行动积极性。

你准备得这么充分，作业肯定都写完了吧。

📝 点评

敷衍地夸奖孩子准备生日的行为，没有把关注点放在孩子的准备过程和成果上，反而话锋一转，说出扫兴的话。

你竟然给我准备了这么大的惊喜，我简直不敢相信！

📝 点评

太夸张的夸奖会让孩子感觉自己的能力不被信任，误以为在家长心中自己是不懂得关心和回报的，让孩子产生自我怀疑。

 专家示范 ▶▶▶▶

看到你为这个惊喜付出了很多努力，我真的很感动！

你为家人准备的这个惊喜真是太贴心了，我们都感受到了你的爱。

谢谢你为我准备的惊喜，太用心了，而且我特别喜欢你选的蛋糕！

我特别喜欢你给我准备的惊喜！你愿意和我们分享你准备这个惊喜的过程吗？

准备这么棒的惊喜，谢谢你让妈妈拥有了一个难忘的生日！

每一个小细节你都考虑得那么周到，既有创意又充满爱，我真的特别喜欢！

孩子不嫉妒比自己优秀的孩子，怎么夸

小飞所在的书法兴趣班举办了一场书法展览，邀请家长带着孩子一起去参观同学们的学习成果。小飞的好朋友鑫鑫的字写得最漂亮，被展示在最显眼的位置，小飞爸爸指给小飞看，让他要继续努力。没想到，从那以后，小飞再也不跟鑫鑫说话了。

小飞爸爸的本意是让小飞多学习他人的长处，却引发了小飞的嫉妒心，让原本要好的小伙伴之间有了矛盾。

你看，你的好朋友鑫鑫的作品被贴在中间呢，你也要向他学习呀。

有什么了不起，不就是比我早来几天吗，我以后会写得更好。

专家解读

遇见比自己优秀的同学，孩子产生嫉妒心理是很正常的，但如果家长放任不管，不加以引导，孩子的嫉妒心理越来越严重，甚至演变出自卑、焦虑等其他不良情绪。这不仅会损害孩子的心理健康，还会扭曲孩子的价值观，让孩子难以建立健康良好的人际关系，甚至严重影响孩子正常的学习和生活。

正确的做法是在孩子产生嫉妒心理时，首先要理解孩子的情绪，尊重孩子的感受，鼓励他们在认可自己的同时，学会尊重和欣赏他人的长处，并在孩子做出正确行动时给予他们充分的夸奖和鼓励。

学会夸，孩子更优秀

你真棒，不像其他小孩，看见比自己优秀的人就嫉妒！

📝点评

用贬低其他孩子的方式来夸奖，不仅容易助长孩子的攀比心理，还可能无意间伤害到其他孩子。

你真聪明，知道嫉妒别人是没用的。

📝点评

将不嫉妒他人的理由归结于"没用"，不利于引导孩子建立尊重和欣赏他人的正确价值观。

你真是个好孩子，只有好孩子才不会嫉妒别人。

📝点评

将不嫉妒他人作为"好孩子"的唯一标准，让孩子误以为做出积极的行为只是为了得到"好孩子"的称号，不利于孩子建立积极的价值观。

 专家示范 ▶▶▶

你能够为同学的成功感到高兴，这真的很难得。你的心态很积极，我为你感到骄傲！

你不仅没有嫉妒比自己优秀的同学，还谦虚地学习他们的长处，这是十分难得的品质！

你能够真诚地欣赏其他同学的长处，说明你是一个谦虚且懂得尊重他人的孩子，给你点赞！

你能欣赏和学习其他同学的优点，这一点我们都要向你学习！